コンストラクティング　ウォーキング　ジャズ　ベースラインズ　ブックIII
スタンダード ラインズ

ウォーキング　ジャズ　ベースラインズを構築する為の
コンプリートガイド

ウッドベース／エレクトリックベース対応

著者 STEVEN MOONEY
スティーブン　ムーニー

カバーデザイン　スティーブン　ムーニー

©Waterfall Publishing House 2011

スペシャルサンクス

ジミー バス、ダーシー ライト、チャーリー バナコス、
そして我が妻マドカ、彼女の変わらぬ愛情とサポートへ。
この本を息子ジェイムス オメガ ムーニーに捧げる。

Copyright © WATERFALL PUBLISHING HOUSE 2011

This title is published by Waterfall Publishing House
Astoria, New York USA 11102

All Rights Reserved
No part of this publication may be produced, stored in a retrieval system or transmitted in any form or means, photocopying, mechanical or electronic without prior written permission of Waterfall Publishing House.

Print Edition ISBN 978-1-937187-11-8
Ebook   ISBN 978-1-937187-12-5

Library of Congress Control Number: 2011927839

Japanese Print Edition ISBN 978-1-937187-21-7

Japanese Ebook   ISBN 978-1-937187-22-4

Musical Score : Jazz
Musical Score : Studies & exercises, etudes

Japanese translation by Shinya Yonezawa
Editing by Madoka Mooney
翻訳者　米澤　信哉
編集　　マドカ　ムーニー

Layout and music engraving by Steven Mooney
Cover Design by Steven Mooney

©Waterfall Publishing House 2011

序文

　ウッドベーシスト／エレクトリックベーシストに向けた、コンストラクティングウォーキングジャズベースラインシリーズの第3巻であるスタンダードラインズは、ジャズスタンダードにおいて、ウォーキングベースラインを組み立てるのに使われる、様々な手法を幅広く紹介した内容になっています。

　第3巻では、演奏例として、110コーラスのベースラインが、24のスタンダードジャズコード進行で紹介されています。

　パートⅠでは、モードとコードスケールの関係、そして全ての調性において、ダイアトニックトライアドとセブンスコードを組み立てるのに必要な、基礎的な知識を説明しています。演奏例は、ベーシストが、しっかりとしたリズムとハーモニーの基礎を養えるように、"2フィール"と"4フィール"のウォーキングベースのスタイルで紹介されています。
　ボイスリーディングと、モードのサブスティチューション、特定のジャズコード進行に対するモードの適用等を含む、より高度なベースラインの構築の例も紹介されています。
　パートⅡでは、シンメトリックスケールおよびマイナーⅡⅤⅠ進行に関連した、メロディックマイナースケールから派生するモードについて述べられています。ここで紹介されているものは、シンメトリックスケールとコードスケールの関係、そして一般的なジャズコード進行に対する、シンメトリックスケールの使い方になります。またよくあるジャズコード進行上で、マイナーⅡⅤⅠに対して一般的に使われるスケールの紹介と共に、メジャーⅡⅤⅠとの違いについて述べています。
　パートⅢでは、よくあるジャズコード進行上での、ビバップスケールの使い方が紹介されています。
　パートⅣでは、それまでに述べられた様々な手法やコンセプトを用い、スタンダードジャズコード進行において、プロフェッショナルレベルのベースラインの例が紹介されています。

　本書で網羅されている全ての手法は、ベーシストがそれらのテクニックを12キーに適用できるように、一歩一歩段階的に紹介されています。

©Waterfall Publishing House 2011

©Waterfall Publishing House 2011

目次

Part 1
コードスケールの関係 .... p. 9
スタンダードコード進行に対する、モードおよび
コードスケールの関係の適用方法 .... p. 10
メジャースケールからトライアドを取り出す方法 .... p. 12
ジャズコード進行#1　"Periodic"
ベースラインの構築、トライアドと"2"フィール .... p. 13
トライアドによる"4"フィールウォーキングベースライン .... p. 14
トライアドと上方からのクロマティックアプローチノート .... p. 15
トライアドと下方からのクロマティックアプローチノート .... p. 17
トライアドとウォークアップ .... p. 20
トライアドとウォークダウン .... p. 21
ジャズコード進行#2 "Greatest Glove"
ベースライン構築の音階的アプローチ（上昇形） .... p. 23
音階的ベースラインにセブンスコードを適用する
ダイアトニックセブンスの作り方 .... p. 24
音階的ベースラインにセブンスコードを適用する（下降形） .... p. 25
上昇する音階的ラインと上からのクロマティックアプローチ .... p. 26
下降する音階的ラインと下からのクロマティックアプローチ .... p. 27
セブンスコードのボイスリーディングとⅡⅤⅠ進行 .... p. 29
ジャズコード進行#3　"Winters Coming"
ベースラインにボイスリーディングのテクニックを適用する .... p. 30
ドミナントセブンスコードのボイスリーディング .... p. 32

ウォーキングジャズベースラインに対するモードの適用方法
イオニアンモード .... p. 36
ジャズコード進行#4　"Mr. K" .... p. 37

目次

メジャーⅡⅤⅠ進行とドリアン、ミクソリディアンモード .... p. 38
ⅡⅤⅠ進行 .... p. 39
ジャズコード進行におけるⅡⅤⅠ進行の適用 .... p. 40
ⅢⅥⅡⅤ進行とフリジアンモード .... p. 41
ⅢⅥⅡⅤⅠ進行 .... p. 42
ジャズコード進行におけるⅢⅥⅡⅤⅠ進行の適用 .... p. 43
ⅠⅥⅡⅤ進行とエオリアンモード .... p. 44
ジャズコード進行におけるⅠⅥⅡⅤ進行の適用 .... p. 46
リディアンモード .... p. 47
ジャズコード進行#5　"It Depends"
ベースライン構築にリディアンモードを適用する .... p. 48
ロクリアンモード .... p. 53
ジャズコード進行#6　"The Weaving Stream"
ベースライン構築にロクリアンモードを適用する .... p. 54

パートⅡ
シンメトリック、メロディックマイナースケール .... p. 59
ホールトーンスケール
ジャズコード進行#7　"Wheres The Subway"
ジャズベースラインにおけるホールトーンスケールの適用 .... p. 60
ディミニッシュドスケール .... p. 66
ジャズコード進行#8　"Finding Candy"
ジャズベースラインにおけるディミニッシュドスケールの適用 .... p. 67
ハーフホールディミニッシュドスケール .... p. 71
ジャズコード進行#9　"Vegetable Stew"
ジャズベースラインにおける
ハーフホールディミニッシュドスケールの適用 .... p. 72

目次

ディミニッシュドホールトーンスケールとマイナーⅡⅤ進行 .... p. 76
ジャズコード進行#10　"Moonlight View"
ジャズベースラインにおける
ディミニッシュドホールトーンスケールの適用 .... p. 77
ロクリアン#2とマイナーⅡⅤ進行 .... p. 80
ジャズベースラインにおけるロクリアン#2の適用 .... p. 81
マイナーⅡⅤ進行 .... p. 84

パートⅢ
ビバップスケール
上昇するメジャービバップスケール .... p. 87
下降するメジャービバップスケール .... p. 88
ジャズコード進行#11　"More Stew?"
ジャズベースラインにおけるメジャービバップスケールの適用 .... p. 89
上昇するドリアンマイナービバップスケール .... p. 93
下降するドリアンマイナービバップスケール .... p. 94
ジャズコード進行#12　"Heard It"
ジャズベースラインにおける
ドリアンマイナービバップスケールの適用 .... p. 95
上昇するミクソリディアンビバップスケール .... p. 100
下降するミクソリディアンビバップスケール .... p. 101
ジャズコード進行#13　"Who's Glove"
ベースラインにおけるミクソリディアンビバップスケールの適用 .... p. 102

パートⅣ　スタンダードジャズコード進行における、
ベースライン例 .... p. 107
ジャズコード進行#14　"Ocean St" .... p. 108
ジャズコード進行#15　"Slipped into the Stream" .... p. 112
ジャズコード進行#16　"Only You" .... p. 116

©Waterfall Publishing House 2011

目次

ジャズコード進行 ＃17　" The One in Gloves " .... p. 120
ジャズコード進行 ＃18　" Garden Hoses " .... p. 124
ジャズコード進行 ＃19　" Who Are You ? " .... p. 129
ジャズコード進行 ＃20　" Idiosyncrasy " .... p. 135
ジャズコード進行 ＃21　" The Third " .... p. 139
ジャズコード進行 ＃22　" New Gloves " .... p. 142
ジャズコード進行 ＃23　" Bring Your Strings " .... p. 146
ジャズコード進行 ＃24　" No Ones Here " .... p. 151

終わりに臨んで .... p. 157

©Waterfall Publishing House 2011

パート1　コードスケールの関係

スタンダードコード進行に対する、モードおよびコードスケールの関係の適用方法

モードとコードスケールの実践的な知識を持っていると、演奏されるハーモニーや、コードの構造が、より明確に認識できるようになるでしょう。

例えて言うなら、ベーシストが、あるコード進行を初めて見た時、それをただ単にAmin7 D7の1小節があり、次にGmin7　C7となってFmaj7になる、と見るか、この一連のコード進行を、Fのキーにおける、III VI II V の進行と見るか、という違いのことです。

曲を分析したり、暗譜をしようとする際に、曲の調性を把握できることや、モード、言い換えればコードスケールがどのように働くかを知っておくと、コードを一つ一つ単体で見るより、かなり楽に考えることが出来るでしょう。バンド上で曲を移調する時の助けにもなります。

次の例では、Fmajのキーにおける2オクターブの、モード（コードスケール）及びアルペジオが示されています。

F イオニアンモード

F maj7 アルペジオ

G ドリアンモード

G min7 アルペジオ

A フリジアンモード

A min7 アルペジオ

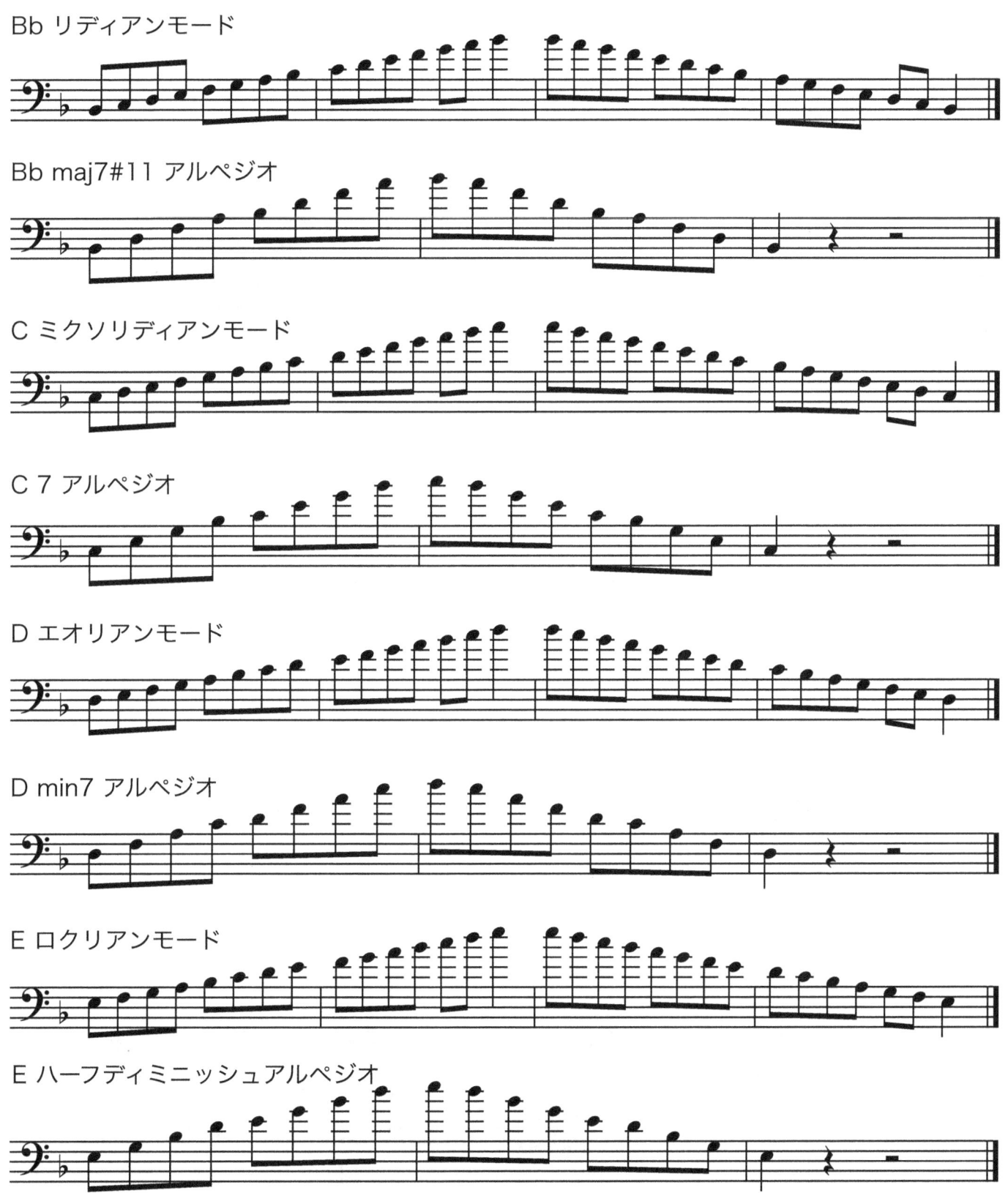

Standard Line Vol.I

メジャースケールからトライアドを取り出す方法

下記の例は、どのようにして、メジャースケールからダイアトニックトライアドを作っていくかを示していると同時に、モードを理解し、それらを調性に適用していく上で、最初のステップでもあります。

ベーシストにとって、ウォーキングベースラインを作っていく上で、トライアドを使うことはには多くの利点があり、色々な領域を一度に学ぶことができると言えるでしょう。

まず第一に、トライアドは、コード進行を輪郭づくります。低音域において、トライアドが弾かれることによって、ソロイストは、しっかりしたハーモニーの基礎の上に演奏することが出来ますし、ギタリストやピアニストは、より上の音程で、テンション（緊張音）のサウンドを鳴らすことが出来るので、全体として、バンドのサウンドに厚みを与えることが出来ます。

第二に、楽器の低音域でトライアドを弾くことは、フレットを扱う手の物理的な強化、スタミナをつけることにもつながります。

第三に、ダブルベース奏者、或はフレットレスのエレクトリックベース奏者にとっては、トライアドを低音域で弾くことは、音程を整えるという意味において、最高のエクササイズだと言えるでしょう。ブルースや、スタンダードのコード進行で、オープンポジションから、ハーフステップ以上動くことなく、どんなキーでもウォーキングできるということは、望むべくことです。（ダブルベーシストにとっては、最初のポジションとハーフステップのポジションのことを表します）

トライアドを作るには、スケール上のどの音からも、2音間隔で音を取るところから始めます。例えば、F, A, C / G, Bb, D / A, C, E 等。

例1　1オクターブのFメジャースケール

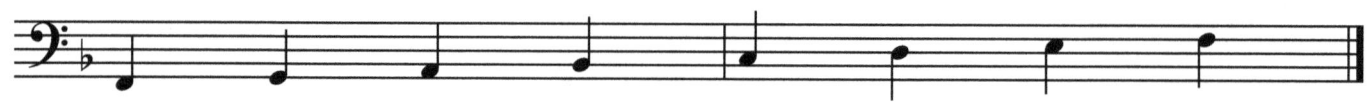

例2　Fメジャースケールより作られた、FのキーのダイアトニックトライアドF

＊この V コードは♭7th（短7度）を足すと、ドミナントコードになります。

"PERIODIC"　　　　　ジャズコード進行♯1

例1は、楽器の低音域を使い、全般にわたり、トライアド（コードの第1、3、5音）から作られた基礎的な"2"フィールのベースラインを示しています。

例2は 前頁のスタンダード（Periodic）のコード進行を、トライアドと、4フィール（ウォーキングベースライン）を使って書かれたものです。

例2

トライアドと上方からのクロマティック（半音階）アプローチノート

次の例は、上方からのクロマティックアプローチノートと呼ばれる、和声的な手法の使い方が示されています。

クロマティックアプローチノートは、ウォーキングベースラインに輪郭や、クロマティックアプローチノートが、コードトーンに解決することで、緊張と緩和の効果を与えるのに使われます。

コードトーンを、ダウンビート、1拍と3拍に維持するのにも役立つでしょう。

下の例は、トライアドと、上方からのクロマティックアプローチを用いた"2フィール"のベースベースラインを表しています。

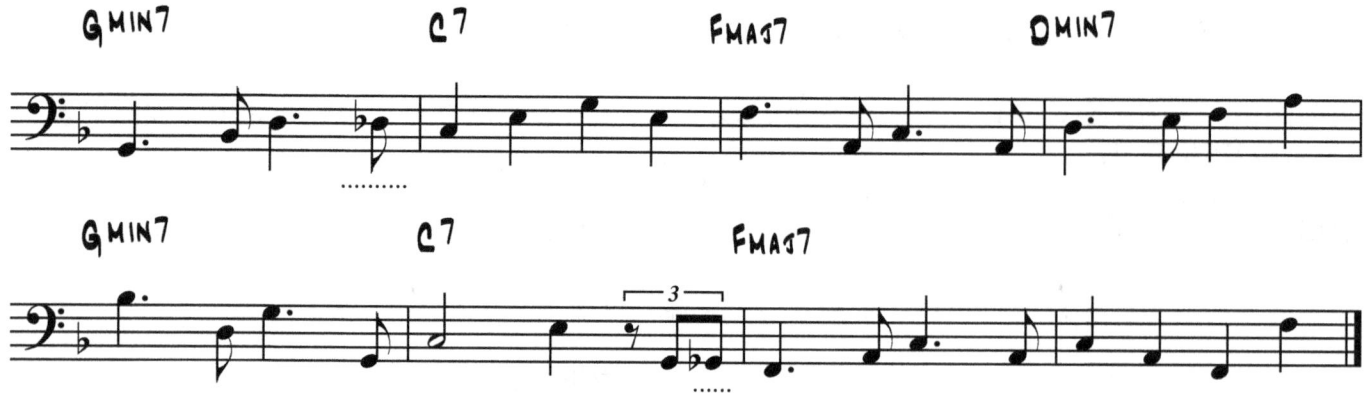

次は、トライアドと、上方からのクロマティックアプローチを使って作られた、ウォーキングベースライン（4フィール）の例を表しています。

クロマティックアプローチノート＝..........

トライアドと下方からのクロマティックアプローチノート

次は、下方からのクロマティックアプローチの例になります。
同じく、ベースラインに輪郭及び、緊張と緩和の効果を与えるのに使われ、コードトーンを、ダウンビート（1拍、3拍）に維持しておくことにも役立ちます。

下の例の1コーラス目は、トライアドと、下方からのクロマティックアプローチを用いた、"2フィール"のベースラインを表しています。2コーラス目は"4フィール"のウォーキングベースラインになります。

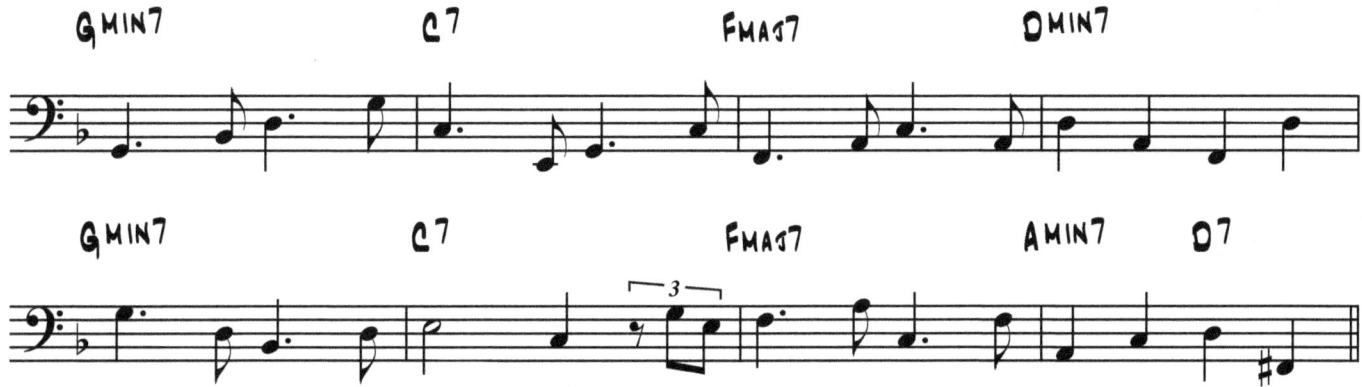

Standard Line Vol.I

次の2コーラス目からはトライアドと、下方からのクロマティックアプローチを用いた、"4フィール"のウォーキングベースラインになります。

クロマティックアプローチノート＝..........

トライアドとウォークアップ

次に述べるのは、これも一般的なウォーキングベースの手法で、ウォークアップと呼ばれます。2つのアプローチノートを使って、次のコードに下方からアプローチする手法です。

Aセクションの第1小節目が、このウォークアップです。6小節目にはC7コード上において、バリエーションが見られます。クロマティックノートがC音とD音の間で、2拍目で使われています。

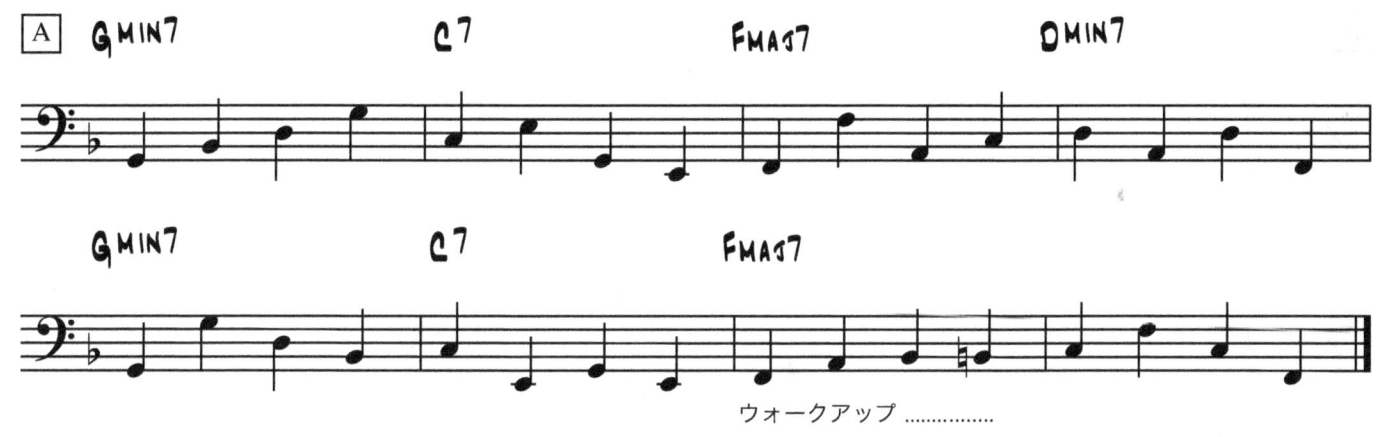

トライアドとウォークダウン

次も同じく、2つのアプローチノートを使って、今度は上方から次のコードにアプローチする手法、ウォークダウンです。

セカンドAセクションの2小節目と、最後のAセクションの2小節目に、ウォークダウンがあります。

Standard Line Vol.I

" GREATEST GLOVE "

ジャズコード進行 #2

ベースライン構築の音階的アプローチ（上昇形）

スケール（音階）的なアプローチによるウォーキングベースラインは、より横軸のアプローチであり、そのベースラインは、よりスムーズな形になります。トライアドを使ってラインを作る代わりに、この例においては、スケールの音１、２、３、５音（１２３５の順列）を使ってラインを作っていきます。トライアドはバリエーションとして用います。

下の例は、それらを使ったAセクションに"２フィール"、Bセクションに"４フィール"のウォーキングベースラインです。

1、2、3、5音を使った音階的アプローチ、もしくはそのバリエーション例=............

音階的ベースラインにセブンスコードを適用する

ダイアトニックセブンスの作り方

次の例は、メジャースケールから、どのようにしてセブンスコードを組み立てるかを、表しています。

例1　B♭メジャースケール

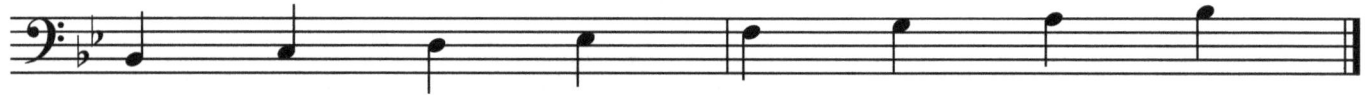

例2　B♭メジャースケールから組み立てられたダイアトニックトライアド

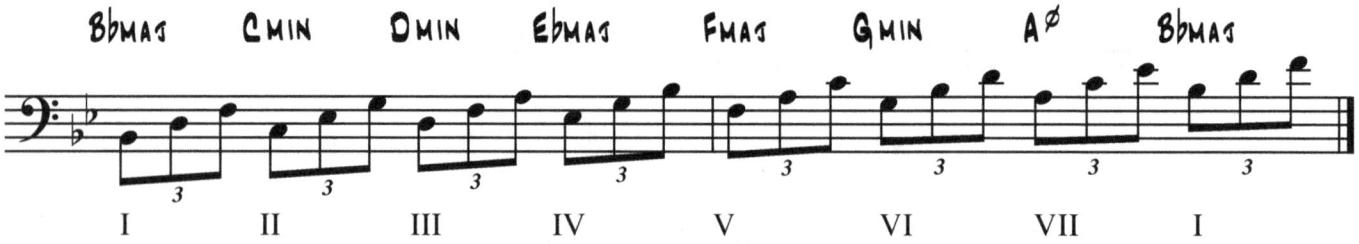

例3　B♭メジャースケールから組み立てられたダイアトニックセブンスコード

音階的ジャズベースラインにセブンスコードを適用する（下降形）

次の例は、ルート音から下降するスケールの音を使った（スケールの音１，７，６，５）音階的なアプローチの使い方を示しています。
この例では、他にトライアドと、上昇する音階的アプローチの手法も使われています。
ハーモニーの色々な音を使えることによって、この例では、ベースラインがより変化に富み、より旋律的になっていることが分かるでしょう。

1、7、6、5音を使った音階的アプローチ、もしくはそのバリエーション例=............

上昇する音階的ラインと上からのクロマティックアプローチ

続く例は、上方からのクロマティックアプローチを取り入れた、上昇する音階的なウォーキングベースラインを示しています。

音階的ベースライン＝.................,クロマティックアプローチノート＝.......

下降する音階的ラインと下からのクロマティックアプローチ

続く例は、下方からのクロマティックアプローチを取り入れた、下降する音階的なウォーキングベースラインを示しています。

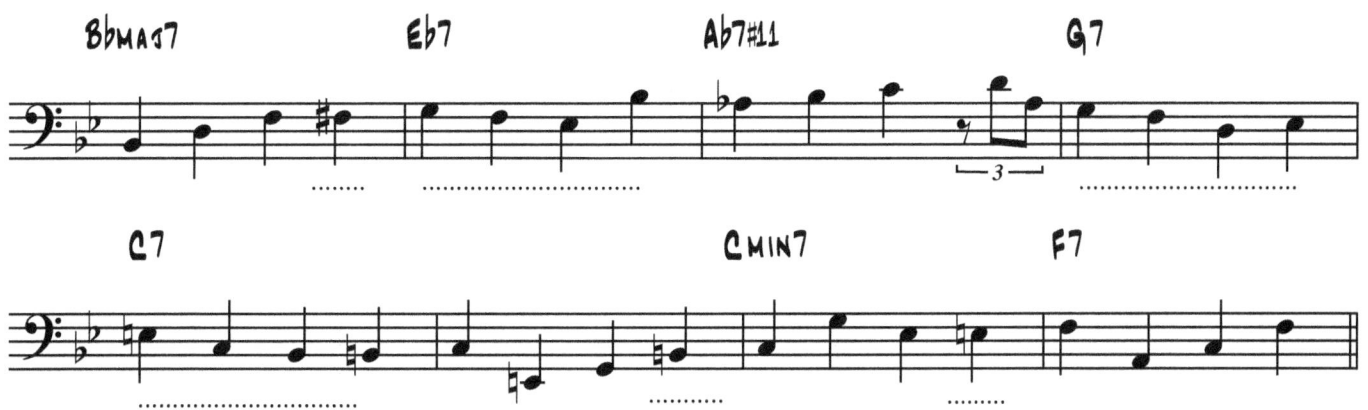

Standard Line Vol.I

*音階的ベースライン=................,クロマティックアプローチノート=........

セブンスコードのボイスリーディングと II V I（ツーファイブワン）進行

続く例では、セブンスコードとボイスリーディングのテクニックを、II V I 進行に組み入れていきます。このボイスリーディングのテクニックは、ここでは IImin7 コードと V7 コードを繋ぐのに使われます。ボイスリーディングは全てのハーモニー楽器で使われる、大変効果的なテクニックです。

下の例のように、このテクニックを使うことによって、ベースラインは、ピアニストやギタリストがコードをボイシングすることとも、共有する部分が出てきます。

例 1　B♭メジャーキーの II V I 進行です。

例 2　Cmin7 の♭7th である B♭が、半音下がって、F7 の major 3rd である A に解決するというボイスリーディングの例。

例 3　Cmin7 の♭7th である B♭が、全音上がって、F7 の 5th である C に解決するというボイスリーディングの例。

ボイスリーディング例＝ ....

ボイスリーディング例＝ ....

ドミナントセブンスコードのボイスリーディング

次の項では、ドミナントセブンスコードに対して適用された、ボイスリーディングのテクニックを示しています。
ボイスリーディングという用語は、コードトーンから、次のコードのコードトーンにステップワイズ（半音或は全音）で動くことを言います。
続く例では、B♭メジャーのキーでの、ボイスリーディングを示しています。

最初の例1は、B♭メジャーのⅡⅤⅠ進行のベースラインですが、F7のコードにおいて、ボイスリーディングは使われていません。

例2　ボイスリーディングのテクニックが、2小節目のF7のコードで使われています。ここではF7の♭7thであるE♭が、B♭メジャーコードのmajor 3rd であるDに、半音下がって解決しています。

例3　ボイスリーディングテクニックが、2小節目のF7において使われています。F7の♭7thであるE♭が全音上がって、B♭メジャーの5thであるFに解決しています。

ボイスリーディングのテクニックを用いることによって、ベースラインがより強力に前へ進む感覚を得て、さらにコード楽器がコードをボイシングする時の方法とも繋がりがでてきます。

続く"WINTERS COMING"におけるベースラインの例では、F7のコードでボイスリーディングを行っています。

Standard Line Vol.I

ボイスリーディング例＝ ....

Standard Line Vol.I

ウォーキングジャズベースラインに対するモードの適用方法

次のチャプターでは、ウォーキングベースラインに対するモードの使用方、及び機能的ジャズハーモニーの中で、コードスケールの見つけ方についての概説をしています。

最初のチャプターでは、モードと、その関連するスケール、アルペジオ、そしてどのようにして、メジャースケールからモードを作り出すかについて概説しました。

コードの構造や、どのようにコードが機能しているかが理解出来れば、（ⅠⅥⅠ、やⅡⅥⅠ、ⅠⅥⅡⅤなど）モードや、そのコードスケールを使っていけるようになります。

調性に対するモードを用いることによって、各小節に１コードずつ形づくるようなベースラインから離れて、調性全体で形作るようなより長いラインを作っていけるようになるでしょう。

結果としては、まるで異なったベースの旋律になりますが、どちらのアプローチも、コード進行の輪郭を形作りますし、コード進行を表現する有効な方法であることに違いはありません。ベーシストは、出来る限り多くの選択肢を身に付けておくべきです。そうすることで、様々なベースラインを用いることや、ソロイストに対して多彩なインスピレーションを提供する、という意味において、より自由になることが出来るでしょう。

イオニアンモード、或はⅠメジャーコード

次のスタンダードジャズ進行の "Mr. K" のコード進行は、Ｆメジャーのキーの、イオニアンモード、或はⅠメジャーコードの適用について表しています。

Ｆイオニアンモード

Ｆメジャーセブンアルペジオ

"MR.K" ジャズコード進行 #4

イオニアンモードベースラインもしくはそのバリエーション例＝

メジャーⅡⅤⅠ進行とドリアン、ミクソリディアンモード

次の例は、ベースラインを形作る際の、ドリアン、ミクソリディアンモードの適用について表しています。

スタンダードコード進行の#4である、Fメジャーのキーの "Mr. K" は、ⅡⅤⅠの進行を演奏する時の、ドリアン及びミクソリディアンモードの使用法を表しています。

下の例では、Fメジャーのキーに関係するドリアン及びミクソリディアンモードを表しています。

Gドリアンスケール

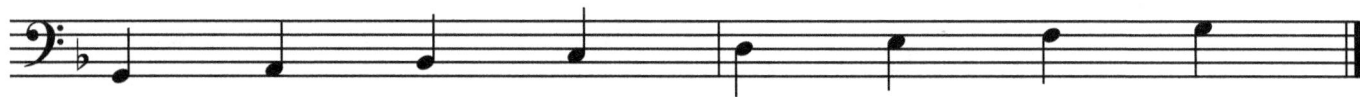

Gmin7　2オクターブアルペジオ

Cミクソリディアンスケール

C7　2オクターブアルペジオ

ⅡⅤⅠ（ツーファイブワン）進行

ここからのチャプターでは、ⅡⅤⅠ進行と、ジャズハーモニーにおけるその機能についての概説をしています。このⅡⅤⅠの進行は、ジャズスタンダードのレパートリーの中でも、最も多く使われている進行のひとつであり、12キー全てで学ぶ必要があるものです。

ここでもう一度、ダイアトニックセブンスコードを参照してみれば（ここではFメジャーのキー）、ⅡⅤⅠという言葉の由来がよく分かります。

ⅡⅤ（ツーファイブ）という言葉は、スケールの第2番目のコードである、Ⅱmin7コードと、それに続く、スケール上の第5番目のコードである、ドミナントセブンスコードのことを意味します。ドミナントセブンスコードは、不安定で解決したいと思っていますから、ルート、換言すれば、スケールの1番目のコードに解決することになり、これでⅡⅤⅠ（ツーファイブワン）のサイクルが完結することになります。

Fメジャーのキーのダイアトニックセブンスコード

Fメジャーのキーにおいて、ベースラインにトライアドを用いた、ⅡⅤⅠ進行の例

Fメジャーのキーにおいて、ベースラインに音階的アプローチを用いた、ⅡⅤⅠ進行の例

©Waterfall Publishing House 2011

ジャズコード進行における ⅡⅤⅠ 進行の適用

次の例では、スタンダードコード進行の "Mr. K" において、"２"フィールを使った ⅡⅤⅠ 進行のベースラインを紹介しています。

最初のAセクションの、３，４小節目と７，８小節目にⅡⅤ進行があることに注目してください。２度目のAセクションでは、Bセクションの最初のコードである、B♭メジャーに繋がるⅡⅤ進行がみられます。

Aセクションでは、このⅡⅤ進行のベースラインに、3和音的アプローチを使っています。Bセクション（ブリッジ）においては、音階的アプローチを使って書かれています。

Bセクションにおける音階的ベースライン例＝.....................

III VI II V 進行とフリジアンモード

下のチャートは、再度、Fメジャーのキーにおける、ダイアトニックセブンスコードの例になります。
このダイアトニックセブンスのチャートを見れば、III VI II V という進行の由来が分かるでしょう。次ページの例では、VIコードはドミナントセブンスコードとなっていますが、これはVIコードが、セカンダリードミナント*として機能しているからです。

フリジアンモードまた III コード

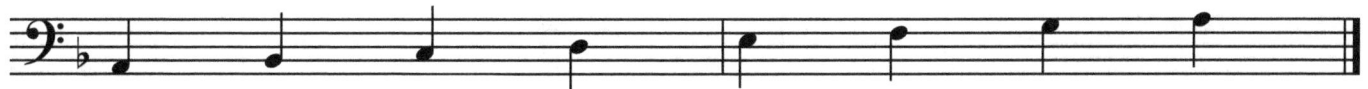

Amin7　2オクターブのアルペジオ

*セカンダリードミナントについては、Book II 及びBook IV にて詳しく解説しています。

©Waterfall Publishing House 2011

Standard Line Vol.I

III VI II V 進行

続いて、ジャスのコード進行の中での、III VI II V 進行の機能について、見ていくことにします。
このIII VI II Vの進行も、II V I 進行と同じように、ジャズスタンダードのレパートリーにおいて、最もよく使われる進行のひとつであり、12の全てのキーで学ぶ必要があります。

III VI II V とは、ダイアトニックセブンスコードのチャートの、三番目のコードであるIIImin7、六番目のコードであるVImin7またはサブスティチュートであるVI7、2番目のコードであるIImin7、そして、スケール上の5番目のコードであるV7のことを指します。ドミナントセブンスコードは解決しなくてはならないので、ルートであるIコードに戻ることになり、これにてIII VI II V I のサイクルが完結します。

トライアドを用いた、FメジャーのキーにおけるIII VI II V 進行の例

音階的アプローチを用いた、III VI II V 進行の例

©Waterfall Publishing House 2011

ジャズコード進行における III VI II V 進行の適用

次の例は、ジャズコード進行#4 の "Mr. K" を示しています。

最初のAセクションの５小節から８小節にかけて、III VI II V の進行が見られます。最後のAセクションにおいては、５から６小節の２小節間に、III VI II V の進行が見られます。

セカンドAセクションの１、２小節目に注目すると、Fmaj7の三度の音程である、Aからスタートし、Gmin7のルートであるGまで、Dmin7を挟みながら下降するAフリジアンスケールが見られます。
これはⅠコードを、III min7 あるいはフリジアンスケールに置き換えることが出来るというサブスティチュートの例になります。

セカンドAセクションにおけるフリジアンモードベースライン例=...................

I VI II V 進行とエオリアンモード

次は、I VI II V の進行を見ていきます。この I VI II V の進行も、II V I 進行と同じように、ジャズのコード進行のボキャブラリーの中で、最も一般的なものの一つになります。下のダイアトニックセブンスのチャートより、I VI II V の由来が分かることと思います。

Dエオリアンスケール

Dmin7　2オクターブのアルペジオ

トライアドを用いた、FメジャーのキーにおけるI VI II V進行の例

音階的アプローチを用いた、I VI II V進行の例

I VI II V進行における下降形ベースライン

トライアドを用いた、I VI II V進行の例

音階的アプローチを用いた、I VI II V進行の例になります。
モードを含む、音階的アプローチを用いることによって、ラインが何小節にも渡って、一方向に動くことが出来るということに注目してください。ここではAフリジアンスケールが、Fmaj7コードに対して使われています。

©Waterfall Publishing House 2011

リディアンモード

リディアンモードはメジャースケール上の4番のモードであり、Maj7#11コードに対して使われます。

IVメジャーコードで曲が始まる場合や、ブリッジ（Bセクション）で、IVコードに転調したりするのは、機能的ジャズハーモニーにおいて、しばしば用いられる和声的手法のひとつです。

下のチャートはGメジャーのキーにおける、ダイアトニックセブンスを示しています。
このチャートを参照すれば、IVmaj7という言葉の由来が分かることと思います。

例1　2オクターブのCリディアンスケール

Cmaj7#11　2オクターブのアルペジオ

©Waterfall Publishing House 2011

Standard Line Vol.I

" IT DEPENDS "

ジャズコード進行 #5

ベースライン構築にリディアンモードを適用する

次のジャズコード進行 "IT DEPENDS" は IVメジャーコードで始まり、リディアンスケールの使用法を示しています。

リディアンモードベースラインもしくはそのバリエーション例＝........................

©Waterfall Publishing House 2011

Standard Line Vol.I

Standard Line Vol.I

ロクリアンモード

ロクリアンスケールとは、メジャースケール上の７番目のモードであり、ハーフディミニッシュドと呼ばれるmin7♭5に対して使われます。

下のチャートは、Cメジャーのキーのダイアトニックセブンスを示しています。

チャートから、VIIハーフディミニッシュドがどこから来ているのかが分かるでしょう。

下の例は、VII ハーフディミニッシュドコード、またはCメジャースケール上の７番目のモードである、ロクリアンスケールを表しています。

例１　２オクターブのBロクリアンスケール

例２　２オクターブのBmin7♭5アルペジオ

次のジャズコード進行 "THE WEAVING STREAM" では、大きく分けたAセクションとBセクションの各３小節目で、VIIハーフディミニッシュドコード及びロクリアンモードが実際に使用されています。

Standard Line Vol.I

ロクリアンモードベースラインもしくはそのバリエーション例＝

Standard Line Vol.I

©Waterfall Publishing House 2011

パート2　　　シンメトリック、メロディックマイナースケール

この本のパート2では、スタンダードジャズレパートリーにおいて、ベースラインを作っていく時に使われる、シンメトリック（音程に均整のとれた）スケール、及びメロディックマイナースケールからのモードの使用について、説明していきます。

これまでは、メジャースケールから派生する、スケールとモードについて見てきました。

この本の次のセクションでは、シンメトリックスケールとして知られるスケールについて見ていきます。

ホールトーンスケール

ディミニッシュドスケール（全音、半音）

ディミニッシュドスケール（半音、全音）

メロディックマイナースケールから派生し、マイナーⅡⅤⅠ進行に使われるスケールについても同様に見ていきます。

オルタードスケール

ロクリアン#2スケール

メロディックマイナースケール（ジャズにおける）

このチャプターでは、ジャズのボキャブラリーでよく使われる、上昇するメロディックマイナースケールについて説明していきます。
クラシック音楽においては、メロディックマイナースケールは、下降する際には、6thと7thが♭する少し違った形になります。

©Waterfall Publishing House 2011

ホールトーンスケール

ホールトーンスケールはシンメトリックスケールのひとつです。すなわち、スケール内の音程が、一貫したパターンを持っているということです。ここではホールトーンスケールの名前の所為である全音程（ホールトーン）のことになります。

この６音で構成されるホールトーンスケールは、独特のサウンドを持っていて、Dom7#5コードや、Dom7♭5コードに対してしばしば使われます。この全音程のスケールの構造上、実際には２つのホールトーンスケールしか存在せず、その他のホールトーンスケールは、始まる音が異なるのみで、その２つのスケールが基になっています。次のAABAの形式のコード進行で、Aセクションの３、４小節目のD7♭5コードに対して、ホールトーンスケールが使用されています。

例１　Dホールトーンスケール

例２　D7♯５　２オクターブのアルペジオ

" WHERES THE SUBWAY "　　　ジャズコード進行＃７
ジャズベースラインにホールトーンスケールを適用する

Standard Line Vol.I

ホールトーンスケールベースラインもしくはそのバリエーション例＝......................

Standard Line Vol.I

ディミニッシュドスケール

ディミニッシュドスケールは、8音からなる、もう一つのシンメトリックスケールで、全音、半音の音程の並びになっています。ディミニッシュドスケールは、Dim7コードにおいて使われます。
その均整のとれた音程の並びにより、実際には３つのディミニッシュドスケールしか存在しません。

例１　２オクターブのA♭ディミニッシュドスケール

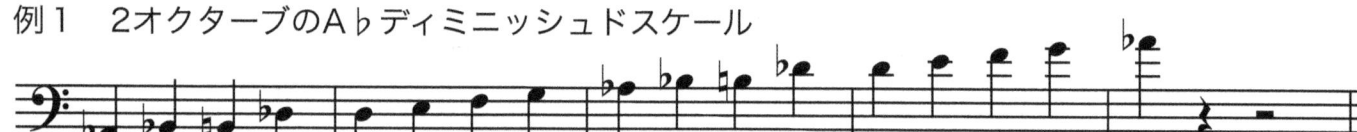

２オクターブのA♭ディミニッシュドアルペジオ

短3度毎に、全音、半音の順番でスケールを組み立てて見ると、同じスケールから、４つのディミニッシュドスケールが出来るということがわかると思います。A♭、B、D、Fディミニッシュドスケールは、異なった音から始まるというだけで、同じスケールです。

A♭から半音上がって、ディミニッシュドスケールを組み立てることによって、A、C、E♭、G♭ディミニッシュドスケールが出来ます。

同じくAから半音上げて、このスケールを作ると、B♭、D♭、E、Gディミニッシュドスケールが出来ます。

次の例は、Aディミニッシュドスケールを表しています。

次の例は、B♭ディミニッシュドスケールを表しています

次のジャズコード進行"FINDING CANDY"では、最初と2度目の、前半部の2小節目と6小節目で、ディミニッシュドスケールが使われています。

©Waterfall Publishing House 2011

" FINDING CANDY " ジャズコード進行 #8

ジャズベースラインにおけるディミニッシュドスケールの適用

Standard Line Vol.I

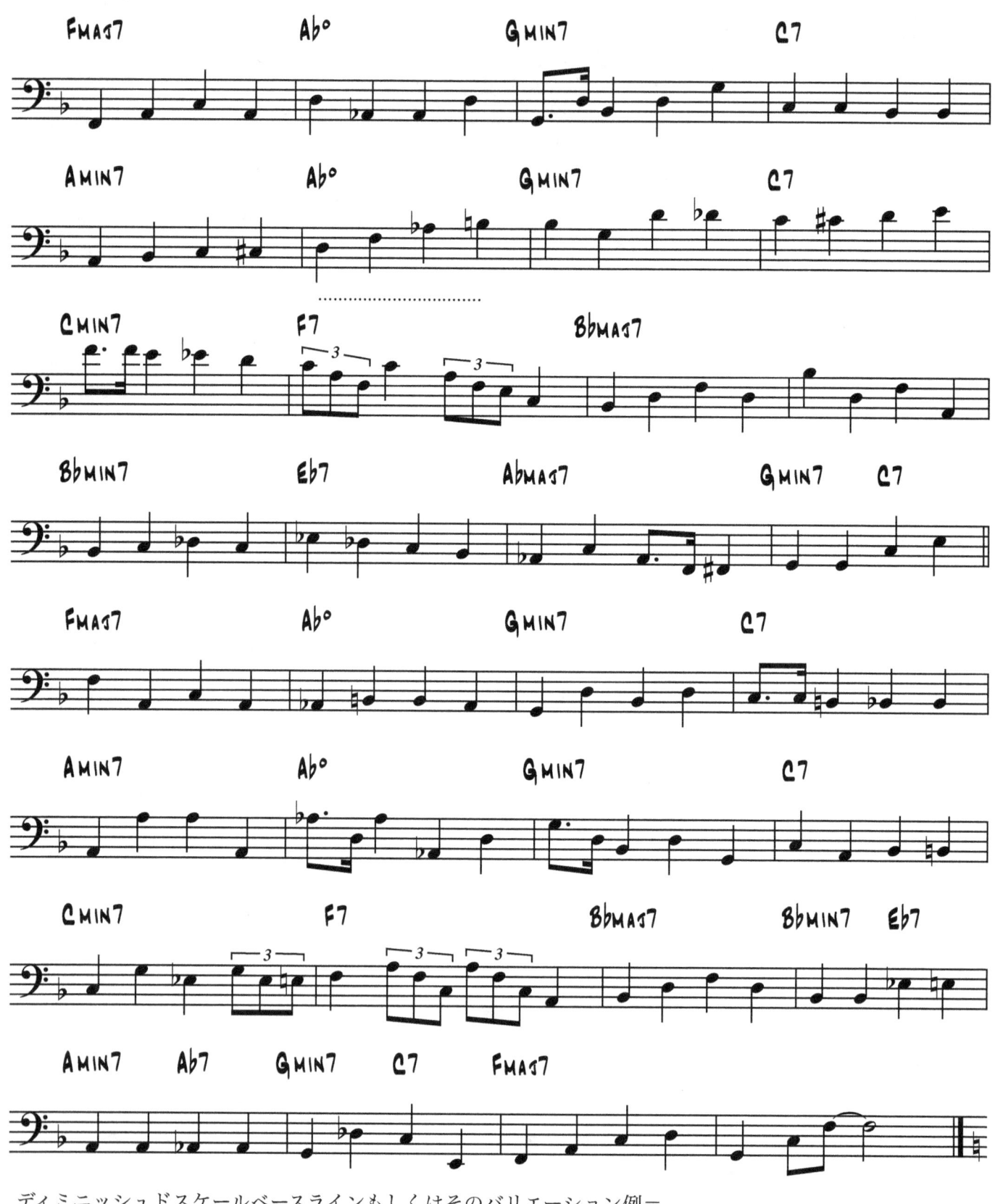

ディミニッシュドスケールベースラインもしくはそのバリエーション例＝..........................

©Waterfall Publishing House 2011

ハーフホールディミニッシュドスケール

　ハーフホールディミニッシュドスケールは、半音、全音のパターンの音程を持ち、8音からなるシンメトリックスケールの一つです。
　このハーフホールディミニッシュドスケールは、ドミナントセブンス♭9コード上でしばしば使われます。均整のとれた音程により、このハーフホールディミニッシュドスケールは3つしか存在しません。
　下の例は、Cハーフホールディミニッシュドスケールを表しています。
　またこのCハーフホールディミニッシュドスケールは、B♭ディミニッシュドスケール（全音、半音パターンの）と同じであることがわかります。

Cハーフホールディミニッシュドスケール

2オクターブのC7♭9アルペジオ

　短3度毎に、半音、全音の音程でスケールを組み立てると、同じスケールから、4つのハーフホールディミニッシュドスケールが出来ます。A♭、B、D、Fハーフホールディミニッシュドスケールは、異なった音から始まる、同じスケールです。

　A♭から半音上げて、このスケールを作ると、A、C、E♭、G♭のハーフホールディミニッシュドスケールができます。

　Aから半音上げて、このスケールを作ると、B♭、D♭、E、Gハーフホールディミニッシュドスケールができます。

次の例はAハーフホールディミニッシュドスケールを表しています

次の例はB♭ハーフホールディミニッシュドスケールを表しています

　次のジャズコード進行 "VEGETABLE STEW" は4つの8小節、ＡＢＣＤで成り立っています。
　ハーフホールディミニッシュドスケールは、ＡＢとDセクションの2小節目のC7♭9コードにおいて使われています。

©Waterfall Publishing House 2011

Standard Line Vol.I " VEGETABLE STEW " ジャズコード進行 #9

ジャズベースラインにおけるハーフホールディミニッシュドスケールの適用

Standard Line Vol.I

ハーフホールディミニッシュドスケールベースラインもしくはそのバリエーション例＝

Standard Line Vol.I

ディミニッシュドホールトーンスケールと、マイナーⅡⅤ進行

ディミニッシュドホールトーンスケールは、メロディックマイナースケールの7番目のモードであり、オルタードセブンスコードにおいて使われます。
このスケールは、ディミニッシュドスケールのように始まり、ホールトーンスケールのように終わることから、この名が付いています。
ディミニッシュドホールトーンスケールは、マイナーⅡⅤⅠ進行で、Ⅴコードのような機能を持ちます。

例1　B♭メロディックマイナースケール＊

例2　2オクターブのAディミニッシュドホールトーンスケール

例3　2オクターブのAオルタードアルペジオ

＊メロディックマイナースケールは、長7度を用いて作られています。このスケールは、長3度の代わりに短3度を用いたメジャースケールのようでもあります。

©Waterfall Publishing House 2011

" MOONLIGHT VIEW "

ジャズコード進行 #10

ジャズベースラインにおける、ディミニッシュドホールトーンスケールの適用

©Waterfall Publishing House 2011

Standard Line Vol.I

ディミニッシュドホールトーンスケールベースラインもしくはそのバリエーション例＝..................

ロクリアン♯2モードとマイナーⅡⅤ進行

ロクリアン♯2(シャープツー）スケールは、メロディックマイナーの6番目のモードであり、min7♭5コード上で使われ、マイナーⅡⅤ進行のⅡコードとして機能します。

例 1　Gメロディックマイナースケール

例 2　Eロクリアン♯2スケール

例 3　Emin7♭5アルペジオ

" MOONLIGHT VIEW " ジャズコード進行 #10

ジャズベースラインにおけるロクリアン♯2の適用

Standard Line Vol.I

ロクリアン♯２モードスケールベースラインもしくはそのバリエーション例＝……………………

マイナー II V 進行

いくつかの例でマイナー II V I 進行を見てきましたが、次の例では、メジャーキーにおける II V I 進行との違いについて見ていくことにします。

メジャーキーにおける II V I では、ウォーキングベースラインを組み立てる上で、ドリアン、ミクソリディアンスケールをそれぞれ使用します。コード進行のキーは変わりません。

マイナー II V I 進行では、ロクリアン♯2スケールおよびディミニッシュドホールトーンスケールをそれぞれ II と V において使用します。
違いとは、このマイナー II V I 進行を形作る、ロクリアン♯2とディミニッシュドホールトーンスケールはそれぞれ異なったキーから来ていることです。

CメジャーのII V I を例として下に示します。

Cメジャーにおける II V I 進行では、Dドリアンスケール、Gミクソリディアンスケールをそれぞれ、II と V に使用し、Cメジャースケールに戻ります。全てのスケールは、Cメジャースケールに由来するモードであり、4小節中ずっとCメジャーと言えます。

次の例は、CマイナーのキーのマイナーII V 進行を表しています。

この例では、マイナー II V I は、3つのキーを移動します。Dmin7♭5コードは、Fメロディックマイナースケールの6番目のモードです。
Gオルタードコードは、A♭メロディックマイナーの7番目のモードです。
CminM7コードはIコード、或はCメロディックマイナースケールのトニックマイナーということです。

下の例では、マイナーⅡⅤⅠ進行で使われるコードスケールと、その関係するキーを示しています。

例1　Fメロディックマイナースケール

Cマイナーの、マイナーⅡⅤⅠのⅡコードで使用されるDロクリアン♯2スケール

例2　A♭メロディックマイナースケール

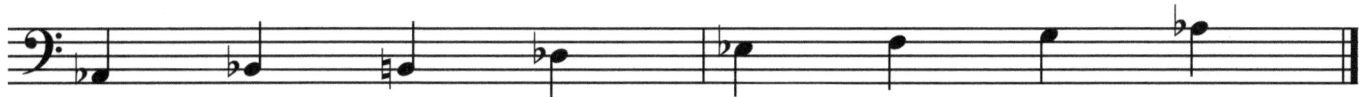

CマイナーのⅡⅤⅠのⅤコードで使われるGオルタードスケール（ディミニッシュドホールトーンスケール）

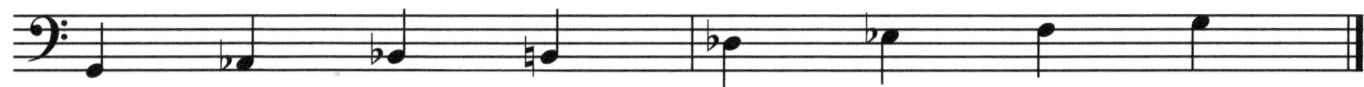

例3　Cメロディックマイナースケール

CマイナーのマイナーⅡⅤⅠのⅠコードとして使われる、Cマイナーメジャーセブンススケール、またはトニックマイナー

Standard Line Vol.I

©Waterfall Publishing House 2011

パートIII　　　　　　　　　ビバップスケール

上昇するメジャービバップスケール

ビバップスケールとは、ウォーキングベースラインやインプロビゼーションにおいて、そのラインに、前に進む動きを与える追加的な経過音を含むスケールのことを言います。
クロマティックパッシングトーン（経過的半音）は同じスケールを使って、より長いラインでハーモニーを輪郭づけるのに役立ちます。

例1では、2オクターブの上昇するE♭メジャースケールを表しています。

3小節目の一拍目、ダウンビートであるこの小節の最初の拍はFになっていて、次にくるダウンビート、すなわち3小節目の3拍目はA♭であり、これはE♭メジャースケールにおけるアボイドノートとなっていることに注目してください。

この3小節目から示されているものは、E♭メジャーではなく、Fマイナーのように見えます。

アボイドノートとは何でしょう？　アボイドノートとは、ここではメジャーコード（I Major）に対して、ダウンビートで使わないように、とされているメジャースケールにおける4番目の音（コードトーンの第3音に半音でぶつかる為）のことを言います。

例1　2オクターブのE♭メジャースケール。1拍目と3拍目がダウンビートです。

次の例2は、2オクターブにわたるE♭メジャービバップスケールになります。
ここでは、クロマティックパッシングトーンであるB音、またはスケールの♭6thが加わることによって、より長いラインにおいて力強く前に進む動きが生まれます。
これで全てのダウンビートはコードトーンを含むことになり、はっきりとハーモニーの輪郭が感じられ、ラインがどこに向かって進むのかという感覚も得られます。

例2　2オクターブのE♭メジャービバップスケール。1拍目と3拍目がダウンビートです。

下降するメジャービバップスケール

例3は、2オクターブにわたって下降するE♭メジャースケールを示しています。

3小節目の一拍目、すなわちダウンビートはDで、次のダウンビートである3拍目はB♭になっています。

ここで示されているものは、B♭7あるいはDハーフディミニッシュドであると言えるでしょう。

例3　2オクターブの下降するE♭メジャースケール。1拍目と3拍目がダウンビートです。

例4では、2オクターブにわたるE♭メジャービバップスケール（下降形）になります。
ここでは、クロマティックパッシングトーンであるB音、またはスケールの♭6thが加わることによって、より長いラインにおいて力強く前に進む動きが生まれています。
これで全てのダウンビートはコードトーンを含むことになり、はっきりとハーモニーの輪郭が感じられ、ラインがどこに向かって進むのかという感覚も得られます。
1小節目と3小節目の、1拍目と3拍目が、E♭とCになっています。これはE♭メジャーシックスのサウンドで、この4小節中のダウンビートは、E♭、C、B♭、GとなっていてE♭メジャーの調性をよく示していると言えるでしょう。

例4　2オクターブのE♭メジャービバップスケール（下降形）。1拍目と3拍目がダウンビートです。

次の例は、ジャズコード進行#11の "MORE STEW?" を見ていく中で、メジャービバップスケールをベースラインに適用していきます。

＊このE♭は、通常のチューニングのダブルベース、あるいは4弦エレクトリックベースでは、音域外の音で、このトピックの説明のために使われています。5弦ベース、C Extensionを付けたダブルベースでは弾くことができます。

" MORE STEW ? " ジャズコード進行 #11

ジャズベースラインにおけるメジャービバップスケールの適用

Standard Line Vol.1

メジャービバップスケールベースラインもしくはそのバリエーション例＝........................

上昇するドリアンマイナービバップスケール

ビバップスケールのドリアンモードに対する適用について見ていきます。

例1は、2オクターブのGドリアンスケールを表しています。

3小節目の1拍目、ダウンビートはAであり、次のダウンビートである3拍目はCになっています。

3小節目から示されているものはAマイナーになっていると言えます。

例1　2オクターブのGドリアンスケール。1拍目と3拍目がダウンビートです。

例2では、2オクターブのGドリアンマイナービバップスケール（上昇形）が示されています。クロマティックパッシングトーンであるF#音、またはスケールのメジャー7thが加わることによって、より長いラインにおいて力強く前に進む動きが生まれています。
全てのダウンビートはコードトーンを含むことになり、はっきりとハーモニーの輪郭が感じられ、ラインがどこに向かって進むのかという感覚も得られます。

例2　2オクターブのGドリアンマイナービバップスケール。1拍目と3拍目がダウンビートです。

Standard Line Vol.I

下降するドリアンマイナービバップスケール

例 3は、2オクターブにわたり、下降するGドリアンスケールを表しています。

3小節目の1拍目、ダウンビートがFで、次のダウンビートはDになっています。

3小節目はDmin7になってしまっています。

例 3　2オクターブの下降するGドリアンスケール。1拍目と3拍目がダウンビートです。

例 4では、2オクターブのGドリアンマイナービバップスケール（下降形）が示されています。これまでに述べたことと同様に、クロマティックパッシングトーン F#(スケールのメジャー7th) が加わることによって、ダウンビートがコードトーンになることで、ハーモニーの輪郭や、ラインの方向性、調性が明快になります。この4小節中のダウンビートは、G , F , D , Bbとなっていて Gmin7の調性をよく示していると言えるでしょう。

例 4　2オクターブのGドリアンマイナービバップスケール（下降形）1拍目と3拍目がダウンビートです。

次の例では、ジャズコード進行#12の "HEARD IT" を見ていく中で、ドリアンマイナービバップスケールをベースラインに適用していきます。

©Waterfall Publishing House 2011

"HEARD IT" ジャズコード進行 #12

ジャズベースラインにおけるドリアンマイナービバップスケールの適用

Standard Line Vol.I

ドリアンマイナービバップスケールベースラインもしくはそのバリエーション例＝……………………

ミクソリディアンビバップスケール

上昇するミクソリディアンビバップスケール

ドミナントセブンスビバップスケールは、ミクソリディアンスケールの♭7thとルートの間にクロマティックパッシングトーンを加えたものです。下の例の、F7ビバップスケールでは、クロマティックパッシングトーンはE、スケールのメジャー7thになります。

例1は2オクターブの上昇するミクソリディアンスケールを示しています。
3小節目の1拍目、ダウンビートがG、次のダウンビートはB♭になっていて、これでは実際に示されているのはGmin7ということになります。

例1　2オクターブのF7ミクソリディアンスケール。1拍目と3拍目がダウンビートになります。

次の例2は、2オクターブにわたるFミクソリディアンビバップスケールになります。

他の例と同様に、クロマティックパッシングトーンEが加わることにより、ダウンビートがコードトーンになることで、ハーモニーの輪郭や、ラインの方向性が明確になります。

例2　2オクターブのFミクソリディアンビバップスケール（上昇形）。1拍目と3拍目がダウンビートです。

下降するミクソリディアンビバップスケール

例3は、下降する2オクターブのFミクソリディアンスケールを示しています。

3小節目のダウンビートである1拍と3拍が、それぞれE♭とCになっています。

3小節目はE♭6、あるいはCmin7のようにきこえてしまいます。

例3　2オクターブのFミクソリディアンスケール。1拍目と3拍目がダウンビートです。

例4では、2オクターブのFミクソリディアンスケール（下降形）が示されています。
他の例と同様に、クロマティックパッシングトーンEが加わることで、3小節目のダウンビートがコードトーンになり、ハーモニーの輪郭、ラインの方向性が明確になり、3，4小節目のダウンビートが、それぞれF、E♭、C、Aとなり、F7としての調性も明らかです。

例4　2オクターブのFミクソリディアンビバップスケール（下降形）。1拍目と3拍目がダウンビートです。

次の例では、ジャズコード進行#13の"WHO'S GLOVE"を見ていく中で、ミクソリディアンビバップスケールをベースラインに適用していきます。

©Waterfall Publishing House 2011

Standard Line Vol.I

"WHO'S GLOVE ?" ジャズコード進行 #13

ベースラインにミクソリディアンビバップスケールを適用する

©Waterfall Publishing House 2011

Standard Line Vol.I

ミクソリディアンビバップスケールベースラインもしくはそのバリエーション例＝..................

Standard Line Vol.I

©Waterfall Publishing House 2011

パートIV　スタンダードジャズコード進行のベースライン例

Standard Line Vol.I "OCEAN ST" ジャズコード進行 #14

Standard Line Vol.I

Standard Line Vol.I

"SLIPPED INTO THE STREAM"　　ジャズコード進行 #15

Standard Line Vol.I

Standard Line Vol.I

" THE ONE IN GLOVES "

ジャズコード進行 #17

©Waterfall Publishing House 2011

Standard Line Vol.I

Standard Line Vol.I

©Waterfall Publishing House 2011

Standard Line Vol.I

"IDIOSYNCRASY" ジャズコード進行 #20

Standard Line Vol.I

Standard Line Vol.I

"THE THIRD"

139

ジャズコード進行 #21

©Waterfall Publishing House 2011

Standard Line Vol.I

Standard Line Vol.I   " NEW GLOVES "   ジャズコード進行 #22

©Waterfall Publishing House 2011

Standard Line Vol.I

Standard Line Vol.I

©Waterfall Publishing House 2011

Standard Line Vol.I

Standard Line Vol.I

終わりに臨んで、、、

　これまでに紹介したトピック全ての例を含む、この本の最後のページまで到達するには、多くの量の理解と、集中した練習が必要だったことでしょう。
　この本の目的は、意欲あるベーシストが、どのようにしてメロディーやソロイストをサポートするジャズウォーキングベースラインを作っていくか、ということの理解するために、しっかりとした基礎を養ってもらうことにありました。
　この本のトピックを網羅することで、ベーシストとして、ジャズミュージシャンとして、自己のスタイルを探し始めることができると信じています。
　出来うる限り、多く音楽を聴く時間をもってください。マスターと呼ばれる人たちの演奏を聴きましょう。

備考　　本書では、読者に対して、ジャズにおけるコードシンボルや、読譜に親しんでもらうという観点から、異名同音が使われています。

本書は目的の一つとして、読者が自信を持ってトピック及び演奏例を理解し消化して、次に進めるように、出来る限り分かりやすく書かれています。

本書に関する感想やコメントは、未来の世代のミュージシャンに、質の良い音楽教育素材を提供するという意味からも、私たちにとって大変重要です。

あなたの感想やコメントをconstructwalkingjazzbasslines@gmail.com
までお寄せください。

Other books available in this series このシリーズのその他の本

日本語での出版物

コンストラクティング ウォーキング ジャズベースラインズ ブック I
ウォーキング ベースラインズ ブルース in 12 keys

コンストラクティング ウォーキング ジャズベースラインズ ブック II
ウォーキング ベースラインズ リズムチェンジ(循環) in 12 keys

コンストラクティング ウォーキング ジャズベースラインズ ブック III
ウォーキング ベースラインズ スタンダードラインズ

コンストラクティング ウォーキング ジャズベースラインズ ブック IV
(カミングスーン)

ベースタブ譜シリーズ

コンストラクティング ウォーキング ジャズベースラインズ ブック I
ウォーキング ベースラインズ ブルース in 12 keys タブ譜バージョン

コンストラクティング ウォーキング ジャズベースラインズ ブック II
ウォーキング ベースラインズ リズムチェンジ(循環) in 12 keys タブ譜バージョン

コンストラクティング ウォーキング ジャズベースラインズ ブック III
ウォーキング ベースラインズ スタンダードラインズ　タブ譜バージョン

コンストラクティング ウォーキング ジャズベースラインズ ブック IV
タブ譜バージョン　(カミングスーン)

イーブックシリーズ

コンストラクティング ウォーキング ジャズベースラインズ ブック I
ウォーキング ベースラインズ ブルース in 12 keys

コンストラクティング ウォーキング ジャズベースラインズ ブック II
ウォーキング ベースラインズ リズムチェンジ(循環) in 12 keys

コンストラクティング ウォーキング ジャズベースラインズ ブック III
ウォーキング ベースラインズ スタンダードラインズ

コンストラクティング ウォーキング ジャズベースラインズ ブック IV
(カミングスーン)

©Waterfall Publishing House 2011

イーブックシリーズ　続き

ベースタブ譜シリーズ

コンストラクティング ウォーキング ジャズベースラインズ ブック I
ウォーキング ベースラインズ ブルース in 12 keys タブ譜バージョン

コンストラクティング ウォーキング ジャズベースラインズ ブック II
ウォーキング ベースラインズ リズムチェンジ(循環) in 12 keys タブ譜バージョン

コンストラクティング ウォーキング ジャズベースラインズ ブック III
ウォーキング ベースラインズ スタンダードラインズ　タブ譜バージョン

コンストラクティング ウォーキング ジャズベースラインズ ブック IV
タブ譜バージョン　（カミングスーン）

最新のニュース,新刊のお知らせは下記のホームページをご覧下さい。

http://waterfallpublishinghouse.com

http://constructingwalkingjazzbasslines.com

http://basstab.net

　ウォーターフォールブリッシングハウスはザ ツリー フォー ザ フューチャー オーガニゼーションと提携しています。(ザ ツリー フォー ザ フューチャー オーガニゼーションのホームページ www.plant-trees.org)。
　ウォーターフォールパブリッシングハウスは ツリー フォー ザ フューチャー オーガニゼーションのツリー プランティング プログラムを通して コンストラクティング ウォーキング ジャズ ベースライン シリーズの本1冊が 購入される度に世界中に2本の樹を植えています。

©Waterfall Publishing House 2011

www.ingramcontent.com/pod-product-compliance
Lightning Source LLC
Chambersburg PA
CBHW081917180426
43199CB00036B/2780